Pellizcos

José Bermúdez Aguilera

MIXTO

Papel procedente de
fuentes responsables
Paper from
responsible sources

FSC® C105338

Impresión y editorial : BoD - Books on Demand

info@bod.com.es - www.bod.com.es

Impreso en Alemania - Printed in Germany

ISBN 9788413267562

A las mujeres que me han querido:

Mi esposa, Gloria
mis hijas, Rebeca y Nuria

mi madre, Amelia
……………..

Indice

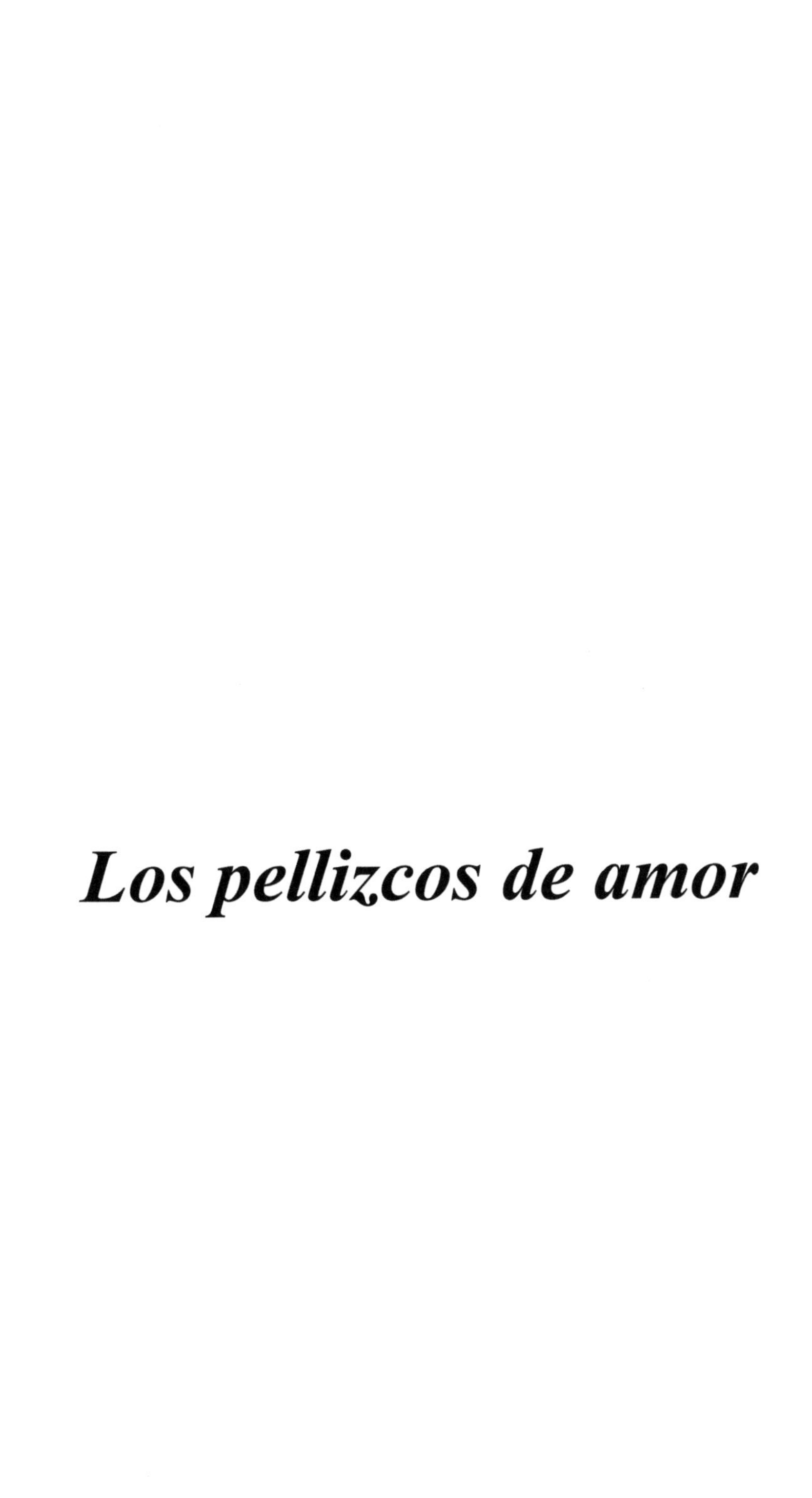

Los pellizcos de amor

Quizás nunca sabré decirte
todo lo que te quiero.

Quizás nunca podré decirte lo que siento.
Puede que se quede muda mi voz.
Puede que se hielen las palabras,
pero no dudes que eres mi vida,
que no existo sin oirte,
sin verte, sin acaariciarte

Lloraré tu ausencia
tan inmensa como única.
Lameré mis lagrimas en silencio,
y seguiré pensando que estás
y que te sigo gozando.

Me bañaré en tu recuerdo
como un oceano:
profundo, inmenso, pleno.

Seguiré envuelto en tu risa
y soñaré nuevamente
en que te tengo y me tienes,
que te quiero y me quieres.

Si me dan a elegir,
me quedo contigo.
Si no puedo escoger,
me quedo contigo.
Entre la riqueza y el oro,
me quedo contigo.
Entre la luna y el sol,
me quedo contigo.
Para ser feliz,
me quedo contigo,
y entre todas las mujeres,
me quedo contigo.

Me gusta oírte bajito ,
porque te me acercas,
y tu voz me acaricia el rostro,
como la brisa.

Me gusta sentir tu aliento en mi pecho,
porque me sosiega el corazón,
como el bálsamo.

Me gusta acariciar tu piel
porque me reaviva el alma,
como la vida.

Me gusta verte desnuda
porque avivas mis sentidos,
como el vino.

Y me gusta que me quieras,
quererte, tenerte, soñarte,
y despertarme a tu lado

Hablábamos mi soledad y yo,
comentando los sinsabores de la vida,
y apareció tu sonrisa:
burlona, sarcástica, erótica,
y me recordó tu cuerpo.

Cómo olvidar tu vientre tibio,
tus tersos muslos y tus desafiantes pechos.
Todavía me adormece tu perfume,
y sueño con tus caricias y tus besos.

Mi soledad me dice que despierte,
pero yo sigo soñando

otoño

La hoja seca y mustia,
se bambolea en el aire
aferrándose a sí misma,
sin querer llegar al suelo.

Igual que mi corazón
se agarra el tuyo
para seguir latiendo,
y mis ojos se miran en los tuyos
para seguir abiertos.

A veces, muchas veces,
quisiera ser tu sombra
para estar junto a tí.

A veces, algunas veces,
me quedo para escucharte
por estar a tu lado.

A veces, sólo a veces,
me duermo en tu vientre
y sueño con que me quieres.

A veces, y sólo a veces,
la mente y el corazón
no están de acuerdo,
la mente dice que no,
y el corazón dice sí.

Tengo tu cuerpo,
pero no te tengo.

Oigo tu voz junto a mi,
pero no te tengo.

Me emborracha el olor de tu piel,
pero no te tengo.

Te derramas entre mis manos,
y tu alma, ausente,
me mira impávida.

Te busco en todos los rincones,
pero no te encuentro.

Sólo tengo tu cuerpo:
maravilloso, excelso, desafiante.
Y lo poseo y lo gozo,
y me muero en él
per no te tengo.

Te sueño, pero no te tengo .

Hoy te he visto:
altiva, poderosa, desafiante,
como una diosa.

Envidiada y deseada,
que hasta el sol, celoso,
se reflejaba en tu pelo
queriendo tenerte.

Yo también te he soñado,
y me he perdido en tu figura,
en la cima del placer,
y en lo mas profundo del egoísmo.

No sé si te tuve o te soñé,
pero te sigo recordando altiva:
como una diosa

Siento tu aliento en mi pecho,
y se me estremece el alma.
Siento tu mano en mi espalda,
y se me eriza la vida.

Mi piel, ávida de ti, se deshace
al contacto con la tuya.
La vida es eterna en ese instante
porque te tengo,
y el universo se detiene para vernos.
El amor, sólo es amor contigo.

Un susurro, un aleteo de almas……..

Me dormí al sosiego de tus ojos,
y desperté sediento de tu boca.

Me fui volando con tu beso,
y regresé encendido entre tus senos.

Me perdí en el mapa de tu cuerpo,
y aparecí erguido ante tu sexo.

Mi piel rezuma tu esencia
porque estoy dentro de tí,
formo parte de tí misma.

Hoy, estoy seguro,
el universo está ordenado

Por qué me preguntas?
no me conoces?

Por qué me tocas?
no me sientes?

Soy yo, tú misma,
soy tu voz, tu aliento,
tu ojos, tu corazón,
tu mente….., tú misma.
.

Los últimos rayos del sol
enrojecieron la tarde,
y un horizonte de fuego
alumbró el crepúsculo.

Mientras el monótono
murmullo de las olas,
me recordaba tu nombre.

Pero no estás.
Solo veo sombras,
y en mi cabeza
los recuerdos se agolpan:
Tu pelo, tus ojos, tu boca,
tu sonrisa burlona…
Pero no estás.
Tú sólo tú.

La elegia

A mi padre: el mejor hombre que conocido.

Te me fuiste en silencio,
de puntillas, sin decir nada.
Te me fuiste de noche,
sin que pudiera verte.

Te busco y me pierdo en tu vacío.
Quiero tocarte y sólo me encuentro el viento.
Te hablo y me responde el silencio.

Me he quedado sólo.
Sólo con mi dolor,
sólo con el dolor de todo el mundo,
y te sigo esperando,
pero no apareces entre los olivos.
y sueño con historias nuevas,
y con cuentos viejos,
pero tú no estas.

Mi dolor, sin consuelo,
llama a todas las puertas,
y se aferra a un hilo invisible,
pero ya no estás,
y mi herida se hace tan grande
que se me derrama la vida.

Tanto me duele tu ausencia
que tengo el corazón seco,
los ojos húmedos
y los labios muertos.

Te me fuiste en silencio,
como habías vivido.

VERSOS DE JUVENTUD

46

Desengaño.

Eres sangre que enrojece,
eres veneno que mata,
eres droga que adormece
y eres de un barro que mancha.

Tus ojos son dos venablos,
tu lengua una larga espada,
que hasta el corazón me paras,
cuando me miras o hablas.

50

Si pudiera decir lo que siento
y expresados en versos cupieran
las palabras que en la boca mueren.

Si pudiera contarte las horas
que oprimido el corazón y el pecho,
y suspirando la mete en el aire,
vaga buscando otro alguien.

Si pudiera quitar la nostalgia
que en las noches invade mi alma
y forjar en mi mente unos sueños
que en el aire no se desvanezcan.

Si pudiera fundirme en las olas
y bramando en la roca desnuda
esculpiera una palabra en ellas:
Tú nombre.

52

Quisiera mirarme en tus ojos,
bañarme en tus lágrimas,
dormir en tu pelo,
mecerme en tu risa,
soñar en tu pecho
y suspirar en tu boca.

Si fuera muda mi voz
y tan fuerte el pensamiento,
que en cada momento
hiciera una realidad
de los sueños en que vivo.